बाघ दुहने का कौशल

(कविताएँ)

बाघ दुहने का कौशल

६

रमण कुमार सिंह

राजकमल प्रकाशन

ISBN : 978-81-267-1048-5

मूल्य : ₹295

पहला संस्करण : 2005
पहली आवृत्ति : 2022

प्रकाशक : राजकमल प्रकाशन प्रा.लि.
1-बी, नेताजी सुभाष मार्ग, दरियागंज
नई दिल्ली-110 002

शाखाएँ : अशोक राजपथ, साइंस कॉलेज के सामने, पटना-800 006
पहली मंजिल, दरबारी बिल्डिंग, महात्मा गांधी मार्ग, प्रयागराज-211 001
36 ए, शेक्सपियर सरणी, कोलकाता-700 017

वेबसाइट : www.rajkamalprakashan.com
ई-मेल : info@rajkamalprakashan.com

मुद्रक : बी.के. ऑफसेट
नवीन शाहदरा, दिल्ली-110 032

BAGH DUHNE KA KAUSHAL
Poems by Raman Kumar Singh

माँ एवं पिताजी के लिए

कविता-क्रम

बाघ दुहने का कौशल

जब मिले थे हम

वह सूखे पत्तों का मौसम नहीं था, मीता
जब मिले थे हम

हवा सरसराती थी तो बज उठता था संगीत
कलियाँ खोल देती थीं अपनी पंखुड़ियाँ
लता और पेड़ की तरह लिपट जाते थे हम
हँसी थी आँसू थे दुख था और
खुशियाँ थीं छलकती हुईं

हम लड़ते-झगड़ते भी थे कभी
तो चाँद से करते थे एक दूसरे की शिकायत
फूलों से पूछते थे उदासी का सबब
छुपम-छुपई का खेल खेलते थे अक्सर
और ढूँढ़ लेने पर मिलते थे ऐसे
जैसे मिले हों बरसों बाद

मृत्यु थी कहीं दूर डराती हुई
हम रोज सूरज से माँग लेते थे
एक दिन उम्र और

किसी नियम में नहीं बँधा था जीवन
चाँद से गपशप करते और सूरज को हथेली पर
लिये घूमते थे हम

भरोसे के खम्भे पर उम्मीद की छत डालकर बनाया हमने घर

और बसाया अपना अड़ोस-पड़ोस
अड़ोस-पड़ोस से माँग-बाँट कर चल जाता था काम
एक घर के चूल्हे से आग जलती थी पूरे कुनबे में
और एक के घर जन्मा बच्चा होता था
पड़ोसियों का भी लाडला

फिर आए पंडित-पुरोहित, राजा, मंत्री और सिपाही
उन्होंने बनाईं नैतिकताएँ और नियमों की किताब
फिर हममें से ही किसी को घोषित किया चोर
और खेलने लगे चोर-सिपाही

हालाँकि ऐसा कुछ नहीं सोचा था हमने शुरू में

नियम बने तो नियमों को तोड़ने का सिलसिला भी हुआ शुरू
नैतिकताएँ बनीं तो अनैतिकता भी

हालाँकि विकल्पहीन नहीं रहे हम कभी
मगर सुविधाओं के शामियाने में मनाते रहे उत्सव
और खुशफहमी की मार झेलते गए
हमने चुप रहना सीखा और
तोता बनने में ही भलाई समझी

मीता, हम ही थे जिन्होंने नंगी बेटियों को
बताया सुन्दर और पहनाया ताज
हमने ही रचा ऐसा वीभत्स नया सौन्दर्यशास्त्र
हमने ही जलाया बच्चों, औरतों और स्कूलों को
हम ही थे जो करते रहे तिकड़म और प्रपंच
और हम ही खेलते रहे खून की होली

इस तरह नफरत, हिंसा और अपराध बने
हमारे सामाजिक पर्यावरण का हिस्सा

आपसी लेन-देन के बदले हमने
शुरू किया व्यापार
और धीरे-धीरे बेचने लगे बहुत कुछ
अन्ततः हमने अपनी आत्मा भी बेच डाली
और बन गए खांटी उपभोक्ता

मगर ऐसा कहाँ सोचा था हमने शुरू में
जब मिले थे हम, मीता
सूखे पत्तों का मौसम तो
नहीं ही था जीवन
और ऐसा होना भी तो नहीं चाहिए था

घर : एक आदिम कथा

अक्सर मेरे जेहन में कौंध जाती है एक स्त्री
जिसने शायद किसी अनजाने भय से
काँपकर की होगी पहले-पहल
घर जैसी किसी सुरक्षित जगह की कल्पना

क्या पता उसके भय में
सिर्फ बनैले पशु ही नहीं
शामिल रहे होंगे कुछ नर-भेड़िये भी
जो छीन लेना चाहते होंगे
उससे उसकी खुशी

हो सकता है वह करती होगी
किसी से प्रेम
और बचाकर रखना चाहती होगी
दुनिया की नजरों से उसे
प्रेम करनेवाली वह स्त्री
नहीं चाहती होगी किसी का दखल
अपने सपनों के एकान्त में

तो क्या प्रेम के दुश्मन तब भी हुआ करते थे
जब ठीक-ठीक शुरू भी नहीं हुई थी
यह सभ्यता !

उसे कहाँ पता होगा कि जंगल से
घर की ओर बढ़ा उसका यह कदम

एक दिन जंगल में ही गुम हो जाएगा !
एकांत कैसा भी हो अन्तरंग और मधुर
अन्ततः काट देता है अपने परिवेश से
यह कहाँ सोचा होगा उस भोली स्त्री ने !

उसे रही होगी एक ऐसी जगह की चाहना
जहाँ ठहरकर कर सके वह
अपने प्रिय का इन्तजार
और उसका प्रिय लेकर आए
मुट्ठी-भर बहार

जब उसने की होगी
घर जैसी किसी आत्मीय जगह की कल्पना
एक खिड़की के बारे में जरूर सोचा होगा उसने
एक नदी, कुछ पेड़
जरूर शामिल रहे होंगे उसकी सोच में
सोचा होगा उसने एक दरवाजे के बारे में भी
जहाँ से निकलकर एक रास्ता
जाता होगा दुनिया की तरफ
लेकिन उसने कहाँ सोचा होगा कि
इन दरवाजों के भीतर
एक दिन घुटकर रह जाएगी उसकी आत्मा
और अपनी पहचान से भी
खारिज कर दी जाएगी वह

घर बनाने और बसाने के दौरान
हवा, पानी, फूल, चिड़िया और
मौसम के बारे में सोचते हुए
सोचा होगा उसने एक फूल-सी हँसीवाले
बच्चे के बारे में भी
कितना गर्व और कितनी खुशी हुई होगी उसे
यह शब्दों में दर्ज कर पाना असम्भव है

यह भी हो सकता है कि
घर की कल्पना पहले-पहल
किसी स्त्री ने नहीं बल्कि काम से लौटे
किसी बेहद थके पुरुष ने की होगी
जिसे रही होगी शिद्दत से किसी आत्मीय छाँह की तलाश
लेकिन इतना तो तय है कि उसकी कल्पना में
जरूर शामिल रही होगी कोई न कोई स्त्री !

एक युवक की बेचैनी

रात की पूरी नीरवता के बीच
आधी-अधूरी करवटें बदलता
एक युवक
बेचैन है बिलकुल
धीरे-धीरे अपना सब कुछ खोते देखकर

हताश और लगभग पराजित-सा युवक
बाजार बनते जा रहे
घरों के कारण बेचैन है
वह बेचैन है हाथों के काम के लिए
खुशामदी चरित्र और
हारे हुए व्यक्तित्व के लिए
बेचैन है वह
अपने सपनों को साकार करने के लिए

युवक की बेचैनी में छिपा है
पृथ्वी पर आनेवाली
करोड़ों संतानों के लिए शोक

विद्यापति और भिखारी ठाकुर की विरासत के लिए
टूटती चौपाल और
डरावनी होती जा रही पनघट के लिए
बेचैन है हमारे गाँव का वह युवक

एक युवक बरसों से

युवक की तरह बेचैनी में उबल रहा है
और ऊपर बैठे लोगों के बीच
मतों के समीकरण पर चल रहा है विमर्श
जिसमें नहीं है शामिल
उसकी बेचैनी

गुजरे हुए बाबा से संवाद

बाबा, तुम तो कहते थे न कि बदलने चाहिए गाँव के हालात
फिर तुम क्यों सो गए गाँव के बदलने का सपना देखते-देखते
देखो तो जरा, कितना कुछ बदल गया है अपना गाँव
कई लोग कट गए रातोंरात पेड़ों की तरह
सबसे पहले गाँव की चौपाल उजड़ी
फिर खत्म हुआ साझा हुक्का-पानी
संवेदना की वह गहरी नदी रेत में तब्दील हो गई
जो कभी बहती थी गाँव के बीचोंबीच

कई घरों की पुश्तैनी आजीविका खत्म हो गई
कई घर टूटकर शहर की भीड़ में खो गए
लोगों ने एक दूसरे पर भरोसा करना छोड़ दिया
और बनते गए अजनबी

एक दिन पूरी तरह संवाद खत्म हो गया
और खत्म हो गई आत्मीयता
बुजुर्गों ने बेटा खोया
गाँव ने नौजवान
हमने अपनी पहचान खोई
और खो दिया ईमान
कई प्रेमिकाओं के प्रेमी खो गए इस बीच
धीरे-धीरे रिश्ते-नाते भी लगने लगे फालतू
परिंदों ने छोड़ा आँगन आना
कुँवारियों ने छोड़ दिया पनघट की तरफ जाना
इस तरह हमने बहुत कुछ खोया

गाँव में अब बची हुई है
क्षत-विक्षत सामाजिकता
व्यथित मन
उपेक्षित बचपन
टूटे स्कूल
गलियों में घूमते नर-भेड़िये
शोर करती मशीनें
पनियाई आँखोंवाली औरतें
और संताप करते चालीस साल के कुछ बूढ़े

लेकिन फिर भी हताश नहीं हुआ हूँ मैं
क्योंकि उदास नहीं है उर्वर धरती, बहती नदियाँ
बिन पगार के पहरा देनेवाले कुत्ते
और निश्चय ही निराश नहीं है वह औरत
जिसकी गोद में कुनमुना रहा है शिशु

त्रासदी

सभ्यता के विकास के साथ-साथ
जब बढ़ने लगीं जरूरतें
दो हाथ कम पड़ने लगे
काम को पूरा करने के लिए
आदमी ने विज्ञान की बाँहें थाम
बनाईं कई-कई मशीनें

फिर होने लगा वर्षों का काम दिनों में
घर-घर पसरती चली गईं मशीनें
मशीनों से ही होने लगा हर काम
आदमी हो गया बेकाम

मशीनों के बीच काम करते-करते
आदमी बन गया मशीन
आदमी कहलाने लगा सफल
और उसकी आँखों से झरने लगे
आँसू टप...टप...!

बड़ा भाई

(अपने दोनों बड़े भाइयों के लिए)

बड़ा भाई बचपन से ही
निभाता रहता है बड़प्पन
अक्सर बाँट देता है छोटे भाई-बहनों को
अपने हिस्से की टॉफियाँ, खिलौने

पिलाते हैं उपदेश घर के बड़े-बुजुर्ग भी
तुम हो बड़े, निभाना है बड़प्पन
और वह छोटे भाई-बहनों के लिए
त्याग देता है अपना बचपन
दिखने लगता है कम उम्र में ही काफी बड़ा
कभी-कभी सींचना होता है उसे अपने लहू से
अपने अनुजों का जीवन
छिपाना पड़ता है अपना दुख
छोटों को खुश करने के लिए

कोई भी नहीं देता महत्त्व उसे
छोटों के सामने
घर में बड़े भाई को
उम्र-भर भुगतना ही होता है
बड़े होने के कारण बड़प्पन !

कहाँ आया है वसंत

कहाँ आया है वसंत
मैंने तो नहीं सुनी
उसके आने की आहट

कहाँ उठ रही है कोयल की कूक से
जवाँ दिलों में अब वो हूक
फागुनी मस्ती में हर साल
होरी गानेवाला हमारे गाँव का ननूलाल
चुप है न जाने कब से

कहाँ उठ रही है रसोई से
रोटी सिंकने की सोंधी खुशबू
भौजी ताक रही है बाट जाने कब से
परदेस कमाने गए भैया की

हमारे गाँव का किसना जूझ रहा है
गरीबी, नफरत, सांप्रदायिकता और
कर्ज के कुरुक्षेत्र में न जाने कब से

राधा भी तो निर्वसन छुपी है जंगल में
भरपेट रोटी भी नसीब नहीं उसे

महामहिम !
तुम कहते हो फिर आया है वसंत
तो आया होगा वह राजधानी में

मस्त हो घूम रहा होगा शेयर बाज़ार में
सत्ता की गलियों में ले रहा होगा अंगड़ाई
या सोया होगा घोटालों की फाइल में

हमारे गाँव में नहीं आया है वसंत
जाने कब से इन्तजार है मुझे
वसंत के आने का हमारे गाँव में

दंगा

इस बेमौसम बारिश में
डूब गई हैं सभी सड़कें

भीग गया है हर आदमी
अपने ही भाइयों के लहू में
रँगे सियार की तरह !

बहने लगा है
पीढ़ी-दर-पीढ़ी के रिश्तों में
नफरत का दरिया

दह-भस गए हैं जिसमें
पुराने रिश्ते और पहचान
माँ-बहनों का शृंगार
राखियों का त्यौहार

हर घर से रिसने लगा है
लहू और खारा पानी
कुत्ते करने लगे हैं
नीम अँधेरे में विलाप !

घर : पाँच चित्र

एक

घर
माँ की गोद सरीखा होता है
चाहे जीतकर लौटो
या हारकर
घर के दरवाजे खुले मिलेंगे

दो

घर
एक सपना है
जिसे बनाना चाहता है
हर कोई अपना

तीन

घर
एक अबूझ पहेली है
जिसमें रहते-रहते बाहर जाने को
मन हो बेचैन
और
घर से बाहर रहने पर
काटे नहीं कटती रैन

चार

घर
एक नदी है

जिसमें नहाकर
स्वच्छ और तरोताजा
होते हैं लोग

पाँच

घर
खुशबू के पेड़ की तरह होता है
जिसकी महक पा
खिंचे चले आते हैं लोग !

घर और तुम

लगता है
टूट गया है वह घर
जिसमें पनाह पाते थे
मैं और तुम

सिर्फ बीते दिनों की याद दिलाने को
बची है हमारे बीच
घर की वो दीवार
जो कभी
मेरी और तुम्हारी सुरक्षा करती थी

घर
जिसमें मीठे सपने बुनकर
मेरी जख्मी देह सहलाती थीं तुम
और मैं
सपनों में खो जाता था
तुम्हारी साँसों की खुशबू में

तब
तुम भी एक घर होती थीं
आसरा देने को तत्पर
लगता है
टूट गया है वह घर
क्योंकि
तुम भी टूटे हुए घर में तब्दील हो चुकी हो !

मेहँदी चुनती लड़कियाँ

इसे गाया जाना चाहिए सुन्दर लोकगीत की तरह
कि जब दुनिया के बड़े-बड़े लोग
डकार जाना चाहते हैं
सभी अच्छी-अच्छी चीजों को अकेले-अकेले
ऐसे विकल समय में कुछ लड़कियाँ चुन रही हैं
मेहँदी की पत्तियाँ अड़ोस-पड़ोस में बाँटने के लिए

भूलकर दुनिया की तमाम झंझटें
ये अनदेखे राजकुमारों के प्यार की उम्मीद में
रचाएँगी एक दूसरे की हथेलियों पर मेहँदी

जब ये चली जाएँगी ब्याह कर अपनी-अपनी ससुराल
आपस में नहीं मिल पाएँगी चाह कर भी
और मिल भी जाएँगी तो कहाँ रचा पाएँगी
हथेलियों में मेहँदी साथ-साथ

ये गुम हो जाएँगी अपनी-अपनी गृहस्थी में
भूल जाएँगी मेहँदी की झाड़ियाँ
कहाँ निकाल पाएँगी मिल-बैठ कर
हथेलियों में मेहँदी रचाने के लिए अवकाश

लेकिन, सच-सच बताना कवि
क्या भूल पाओगे तुम कभी
कि ऐसे समय में भी कुछ लड़कियाँ
अड़ोस-पड़ोस में बाँटने के लिए चुन रही थीं
मेहँदी की पत्तियाँ !

माँ उदास है

माँ उदास है
जब से आई है भैया की चिट्ठी
ऐसा नहीं कि
बेटे के दूर होने से उदास है माँ
दो पैसे कमाने के लिए उसने ही
भेजा था भैया को परदेस

भैया वहाँ पर अच्छे हैं और
भेजा है मनीऑर्डर भी
उन्होंने लिखा है
'माँ, तू मेरी चिन्ता न करना'
एक ही चिट्ठी में सात बार लिखी
इन पंक्तियों को पढ़ती है माँ बार-बार
और हो जाती है उदास

यही समय है

यह बड़ा ही लुटेरा समय है, मित्रो !
जो लूटता ही जा रहा है धीरे-धीरे
हमारा हमसे बहुत कुछ

छीन लिया है इसने
माँ-बहनों के माथे का सिन्दूर
बच्चों के खिलौने और मासूमियत
दादी की लोरियाँ और किस्से
बुजुर्गों से सहारे की लाठी
युवकों से जिजीविषा की आग
परिचितों से पहचान
उत्सवों का उल्लास
स्नेहीजनों का हास-परिहास
और
आकाश की नीलिमा छीनकर
कालिख पोत दी है इस क्रूर काल ने

यह बड़ा ही भयानक समय है, मित्रो !
उमंगों और उत्साह भरे इस शहर में
छा गई है मुर्दा खामोशी
खो गई है लय
टूट रहे हैं सम्बन्ध

यही समय है, मित्रो !

इस समय के खिलाफ
विरोध दर्ज करने का
वरना कल के लिए नहीं बचेगा
हमारे पास कहने को कुछ भी अपना

हमारे समय का धावक

निकल जाना चाहता है वह
आगे-आगे
अपने बंधु-बांधवों को
धकियाते-लतियाते हुए

बहुत-बहुत आगे
निकल जाना चाहता है वह
अपने 'मैं' को बचाते हुए
किसी रेसकोर्स के घोड़े की तरह

कराह रही है उसकी बूढ़ी माँ
पुकारते रह जाते हैं विवश पिता
निर्वसन हो रही है बहन
गोलियों से भूने जा रहे हैं भाई
बिगड़ते जा रहे हैं बच्चे
उसे इन चीजों से नहीं रह गया है
कोई मतलब
सब कुछ अनदेखा-अनसुना किए
सबसे आगे निकल जाना चाहता है वह

हमारे समय का यह धावक
सचमुच काफी आगे जाएगा
अपनी जड़ और जमीन से
बहुत आगे,

बहुत दूर...
जहाँ से होगा मुश्किल
लौटना
अपने गाँव-घर !

कोहबर लिखती औरतें

यहाँ किसी बहुराष्ट्रीय कम्पनी का रंग नहीं है
और न ही है
किसी अन्तर्राष्ट्रीय चित्रकार की तूलिका
जिसकी पेंटिंग बिकती है ऊँची बोली पर
बाजार में हाथोंहाथ

माटी की भीत पर पिसे हुए चावल,
दूध और सिन्दूर से बनाकर रंग
उंगलियों की तूलिका से
औरतें रच रही हैं कोहबर-चित्र
गाती हैं सगुन के सुन्दर-सुन्दर लोकगीत

औरतें लिखती हैं कोहबर में
अपनी आकांक्षाएँ
बाँसों के झुरमुट
अशोक, पुरइन के पत्ते,
केले का थम्भ रचती हैं औरतें
रचती हैं सुग्गा, मछली
रति और कामदेव
उन्मुक्त उड़ान भरती चिड़ियाँ और
सृष्टिचक्र रचती हैं

औरतें करती हैं सृष्टि की
निरन्तरता की कामना

इसी कोहबर में जुड़ेंगे दो दिल
कि यहीं से शुरू होगी यात्रा
यहाँ मिथिलांचल की संस्कृति ले रही है साँस
घूँघट में छिपी रहनेवाली मैथिल ललनाओं ने
कोहबार में रचा है
एक अनूठा संसार

घरेलू रंगों की सादगी और
अपनी मोहक मुस्कान से
कोहबर लिखती औरतें लड़ रही हैं
लोक-संस्कृति की एक जरूरी
और निर्णायक लड़ाई !

वे पत्नी नहीं हैं किसी की

वे पत्नी नहीं हैं किसी की
मजबूरीवश करती हैं अपना सर्वस्व अर्पित
पराए मर्दों के लिए

नहीं होता उनका अपना कोई घर
लेकिन बनाने के लिए घरों को स्वस्थ और सुन्दर
संघर्षरत रहती हैं वे हर पल

भटकते मर्दों को देती हैं सुकून
उड़ेलती हैं प्यार
पोंछ देती हैं कही-अनकही पीड़ाएँ
और बन जाती हैं धरती

कुँवारी कामनाएँ लेती हैं हिलोरें
भीतर मचता रहता है हाहाकार
दुख में भी चिपकाए रहती हैं होठों पर हँसी
गाती रहती हैं मनोरंजक गीत

उनका नहीं होता है कोई अपना घर
घरों से अलग रहकर भी
जान जाती हैं घरेलू पीड़ाएँ
अपरिचित पुरुषों में तलाशती रहती हैं
कोई अपना मरद
किसी की डोलियाँ उठते देख
दबा लेती हैं अपनी उदास कामनाओं को

कुरेदने लगती हैं अँगूठे से जमीन
टपक पड़ते हैं आँसू आँखों से
दुख के अथाह समुद्र में
डूब जाती है समूची धरती

बाघ दुहने का कौशल

न जाने कब से घर की स्त्रियाँ गाती हैं वह कोहबर गीत
जिसमें एक दुलहिन माँगती है पति से बाघ का दूध
दादी के बाद माँ ने भी गाया वह गीत कुछ दिनों तक
लेकिन बहनें नहीं गाना चाहती हैं वह सुन्दर लोकगीत

दिया होगा कभी किसी ने अपनी प्रिया को
तभी तो स्त्रियाँ माँगने लगीं कोहबर में बाघ का दूध
कैसे कर गुजरा होगा कोई यह असम्भव-सा काम !
कैसा बली रहा होगा वह पुरुष
कितना अविश्वसनीय और रोमांचक प्रसंग है यह !

पूछता हूँ मैं बूढ़ी दादी से कि सचमुच दुहा होगा किसी ने बाघ ?
बताती हैं दादी कि हाँ रे ! पहले नहीं समझा जाता था कोई भी काम असम्भव
दृढ़संकल्प और जीवट के संग अपने शब्दों में जब होती है
लोगों की अटूट आस्था
जरूरत के हिसाब से प्रयोग करते हैं भाषा का
तो वह बन जाती है मंत्रस्वरूप

यह वह समय रहा होगा
जब घर भरोसे के खम्भों पर टिका होता था
स्त्रियों को जलते चिराग की तरह समझा जाता था मार्गदर्शक
मुँह से निकली बानी छूटे तीर की तरह होती थी अचूक
प्राणों से बढ़कर
बाघ भी बन जाता था विनम्र और पहाड़ भी लगता था राई-सा
तभी तो दशरथ माँझी ने काटकर पहाड़

बनाया था रास्ता अपनी पत्नी के लिए !

असम्भव जो कर दिखाए वही हुआ न पुरुष !
बताती हैं दादी और गहरी उदासी में खोकर फिर कहती हैं
कि बाघ तो हैं आज भी हमारे आसपास भेस बदलकर
अपने जबड़ों और खूनी पंजों से लैस
मगर कहाँ दुहना चाहता है कोई बाघ ?

अब तो छीजने लगा है स्त्रियों का विश्वास
बाघ दुहने का प्रसंग रह गया है सिमटकर
लोकगीतों और किंवदंतियों में

जिस दिन उठ जाएगा भरोसा और विश्वास पूरी तरह
पृथ्वी पर घटेगी एक बहुत बड़ी दुर्घटना

स्त्रियाँ अब गाकर ही नहीं रहना चाहतीं संतुष्ट
अविश्वास हावी न हो जाए कहीं
वे स्वयं ही अर्जित करना चाहती हैं
बाघ दुहने का कौशल !

रुपए पर बापू की तस्वीर

कैसा लगता है, मित्रो
डॉलर के सामने निरन्तर बौने होते रुपए पर
देखना बापू की तस्वीर !

बाजार की भीड़ में कितने अकेले लगते हैं बापू
दिलों से उतारकर हमने छोड़ दिया
उन्हें बाजार में भटकने को
भुनाने लगे हैं रुपए की तरह गांधी को
एक कमीज, एक टीवी, एक प्याली चाय
या एक कुर्सी के लिए बार-बार

आपको आश्चर्य नहीं होना चाहिए, मित्रो
कि बहुराष्ट्रीय कम्पनियों का कुकुरमुत्ते की तरह उगना
और बापू की तस्वीर का रुपए पर छपना
लगभग एक ही समय हुआ है
बहुत खुश हुआ होगा अन्तर्राष्ट्रीय पूँजी बाजार का रहनुमा
कि देश के आदर्श पुरुष को भी पहुँचा दिया हमने बाजार में

कोई बताए तो मुझे कि कागज की नाव में
कहाँ की यात्रा पर निकले हैं बापू ?

तालाब में पत्थर फेंकता बच्चा

तालाब के पानी में पत्थर फेंकता है एक बच्चा
और किलक-किलककर हँसता है विक्षोभ देखकर

आप कह सकते हैं कि समय काटता है बच्चा अकेलेपन में
मगर कभी अकेला नहीं होता है बच्चा
हमेशा उसके साथ होती हैं दुनिया की तमाम अच्छी चीजें

बच्चा रहना चाहता है तितलियों की तरह चंचल
छूना चाहता है आकाश पतंगों की तरह
जगाना चाहता है सोये हुए लोगों को गहरी नींद से
विक्षोभ पैदा करना चाहता है बच्चा

तालाब के पानी में पत्थर फेंकता हुआ बच्चा
एक दिन इसी तरह जगाएगा
शहर के सोये हुए लोगों को

बचा है बहुत कुछ अब भी

सब कुछ खत्म नहीं हुआ है, दोस्त
बचा है बहुत कुछ अब भी

पंछियों का कलरव
फसलों की हरियाली
बच्चों में हँसने-खेलने की जिद और
मजूरों में पहाड़ तोड़ने की ताकत
बचा है बहुत कुछ अब भी

चाँदनी के उजाले में अब भी
जट-जटिन का नाच करती हैं औरतें
होरी गाई जाती है हर साल फाग में
झूले पड़ते हैं बागों में अब भी
हर साल दशहरे और ताजिए के मेले
लगते हैं हमारे गाँव में अब भी

मन्दिरों के घंटे और घड़ियाल बजते हैं
मस्जिदों की अजान सुनाई देती है
चर्च से आ रहा होता है
प्रार्थना का समवेत स्वर
और गुरुद्वारे में मत्था टिकता है
अरदास के लिए
बचा हुआ है बहुत कुछ अब भी दोस्त
बचा हुआ है ढेर-सा गुलाल
उसकी हथेलियों में

बची हैं लोरियाँ माँ की गोद में

अब भी मेरे गाँव के लोग पूछते हैं
मुझसे हालचाल दुनिया-जहान के
तुम इतने उदास क्यों हो रहे हो दोस्त
हमारे-तुम्हारे पाँवों तले बची हुई है अब भी जमीन
जहाँ से निकल सकता है रास्ता
सुनहरे भविष्य की तरफ

क्या कीजिएगा

कुछ कर गुजरने की इच्छा और
कुछ न कर पाने के एहसास के बीच
झूलता रहता हूँ मैं इन दिनों

अक्सर उम्मीद की परछाइयाँ घेरती रहती हैं मुझे
होठों तक आते-आते टूट जाती है गीत की लय
मैं अपने आत्मीयों की इच्छाओं का हत्यारा हूँ
इसलिए नहीं समझा जाता किसी काम के लायक

कभी किसी अन्धे को करा देता हूँ सड़क पार
पर इससे क्या !
लोग जब पूछते हैंकरते क्या हो,
कितना कमा लेते हो तो चुप हो जाता हूँ
और बकर-बकर ताकते देख मुझे
फीकी हँसी हँसकर चल देते हैं लोग

कभी दुलरा देता हूँ किसी रोते बच्चे को
लिख देता हूँ कभी चिट्ठी अपने उस मित्र को
जो मुझे जमाने के अनुसार न बदलते देख
रूठकर चला गया है काफी दूर
याद कर लेता हूँ उस लड़की को जिसका
सूटेबल ब्याय नहीं बन पाया मैं
और जिसे नहीं दिखी मुझमें
कमाऊ पति की सम्भावना

मैं वह चिट्ठी हूँ जो पहुँच न सकी
अब तक सही पते पर
मैं कवि की वह बेचैनी हूँ
जो नहीं हो पाई किसी पंक्ति में मूर्त
वह सिक्का हूँ जो नहीं है चलन में
माँ के टूटे सपनों का राजा बेटा हूँ मैं
पत्नी का बिखरा श्रृंगार और
बच्चों का भग्न भविष्य हूँ
तरल संवेदनाओं वाला वह शब्द हूँ
जिसे कर दिया गया है शब्दकोशों से खारिज

हालाँकि जितना दिखता हूँ उतना
मासूम और भोला भी नहीं हूँ मैं
इधर सीखी है काफी दुनियादारी
बात-बात पर 'शुक्रिया' और 'धन्यवाद' जैसे शब्दों का
करने लगा हूँ इस्तेमाल दोस्तों के साथ भी

अब इसका क्या कीजिएगा कि
आदमी से धीरे-धीरे मैं
चरित्र में तब्दील होता जा रहा हूँ !

सड़क पर रूमाल

सड़क पर लावारिस-सा पड़ा है रूमाल
जिस पर रेशम के धागों से कढ़ा है फूल
किसी नाम का शुरुआती अक्षर भी कढ़ा है शायद
पता नहीं किसका होगा
शायद बस पकड़ने की आपाधापी में
फिसल गया होगा किसी की जेब से
ऐसे ही कुछ न कुछ छूटता रहता है
जीवन की भागमभाग में

जिन उंगलियों ने काढ़ा होगा इस पर फूल
उन्हें कहाँ पता होगा कि इस समय सड़क पर
समय की रगड़ खाता पड़ा है वह रूमाल
कितने अरमानों को पिरोया होगा उन्होंने धागे में
कितनी कोमल और पवित्र रही होगी उनकी इच्छा
जो पोंछ देना चाहती होगी सफर की परेशानियाँ

इस रूमाल में बसी होगी
किसी की गंध
एक कोमल स्पर्श
पसीने की नमी
और सुखद यात्रा की शुभकामनाएँ भी
लेकिन इतने से कैसे होगा मालूम कि
कौन है इसका धारक
ताकि पहुँचा दिया जाए इसे उसके पास

हवा में उड़ सकता है यह
लिथड़ सकता है कीचड़ में
कुचला जा सकता है
जमाने के कदमों तले
हो सकता है सड़क पर पड़ा-पड़ा
छीजता रहे यूँ ही
या कूड़ा बीनने वाले बच्चे उठाकर सहेज लें इसे
या लौट आए वही आदमी
इसे ढूँढ़ते-ढूँढ़ते
जिसकी जेब से अनजाने ही फिसल गया होगा

महानगर के इस व्यस्त चौराहे पर
पड़ा है न जाने कब से
कोई नहीं उठाता है इस रूमाल को
व्यवस्था ने दे रखी है चेतावनी
लावारिस चीजों को न छुएँ

लेकिन न जाने क्यों बँध गया हूँ मैं इससे
इसे यूँ ही पड़ा छोड़
अपने रास्ते नहीं बढ़ पा रहा
वह कौन सी है डोर जो रोक लेती है
मेरे कदमों को बार-बार
अजीब उलझन में फँसा हूँ
कि क्या करूँ मैं इस रूमाल का

एक बूढ़ी औरत जिसका जवान बेटा
मारा गया है फर्जी मुठभेड़ में
न्याय माँगती फिर रही है बदहवास और
पूछती है मुझसे
इंसाफ दिलानेवाले का पता
अब किसका पता बताऊँ मैं उसे !

क्या सड़क पर पड़ा वह रूमाल
उठाकर पोंछ दूँ
उसके चेहरे का पसीना और
सूखे आँसुओं के धब्बे !

हम मात्र दो देह नहीं

न हम एक स्कूल में पढ़े और
न ही पहले कभी रहा हमारा परिचय
एक दूसरे की पसन्द भी नहीं थे हम
हमारे माता-पिताओं ने चुना था हमें एक दूसरे के लिए

तुम वो लड़की नहीं थीं जिसे मैं लिखा करता था अक्सर ख़त
और उसके लिए कुछ भी कर गुज़रने का दावा करता था
निश्चय ही मैं भी वो लड़का नहीं था जिसे चाहा होगा
तुमने कभी शायद अपनी कुँवारी उम्र में
हालाँकि हम बच्चे नहीं थे फिर भी
दो बच्चों की तरह लगा दिए गए थे साथ

मुझे नहीं था मालूम कि क्या-क्या अपेक्षाएँ थीं तुम्हारी होनेवाले पति से
और न ही तुम जानती थीं कि कैसे जीवन-साथी की मैंने की थी कल्पना
हमारी दो देहें ही थीं जो बाँधती थीं हमें
उतने अबोध तो नहीं थे हम
जानते थे देह की भाषा
और देहों की भाषा के सहारे ही
जाना हमने एक दूसरे को
हर छुअन के साथ तुम ऐसे काँपती रहीं जैसे
हवा की सिहरन से काँप उठती हैं घास की पत्तियाँ

हो सकता है कुछ टूटा-दरका होगा तुम्हारे भीतर
कोई सपना, कोई उम्मीद या कोई पुराना चित्र
इस अँधेरे में ही जानते रहे हम एक दूसरे को

और भरते रहे अपने-अपने भीतर उजास
एक मिठास उतरती चली गई हमारे भीतर और
अपरिचय की दीवार अँधेरे में ही खो गई कहीं
फिर न रही हमारी दुनिया छोटी
और हम मात्र दो देह ही न रहे

सुपारी

यह महज संयोग नहीं है कि
पेड़ से उतरने के बाद
सुपारी को होना था
पहले माँ के आँचल की खूँट में
करना था अतिथियों का स्वागत
घर की बदहाली को छुपाना था
लेकिन वह पेड़ से उतरते ही
चली जाती है
बनिए की बोरी में बँधकर बिकने

यह लगभग वैसा ही जैसे
रमुआ को जाना था पढ़ने स्कूल
लेकिन वह ठेकेदार की चिमनी पर ढो रहा है ईंट
जिसे सच्चाई के पक्ष में होना था खड़ा
वह एक भ्रष्ट राजनेता का
बना हुआ है सुरक्षा कवच

सब कुछ उलट-पुलट गया है
जिसे जहाँ होना था वहाँ नहीं है
ईमानदारी से देखो तो
कहीं न कहीं पा जाओगे
खुद को इसके बीच
ध्यान से सुनो तो सुनाई देगी
किसी के रोने की आवाज
शोर, स्लोगन और दलालों से भरे बाजार में

कहीं यह सुपारी का ही तो नहीं है रुदन
जो कर रहा है मिन्नतें
मुझे ले चलो अपने घर
आँचल की खूँट से बँधे रहना लगता है अच्छा
पाहुनों के स्वागत में कटने में है सार्थकता

जब तक घर में बची रहती है एक टूक सुपारी
पाहुन नहीं लौटते बिन स्वागत
हम बच जाते हैं कंगला कहलाने से
जाने कैसा कृतघ्न रहा होगा वह
जिसने कहा होगा इसे कसैली !

लड़की की कमजोरी

जहाँ दूसरे पुरुषों की तरफ ताकना माना जाता था पाप और जुर्म
उसने एक विधर्मी से किया प्रेम
यह पारम्परिक मूल्यों को अतिक्रमित करने की उसकी पहली कोशिश थी
यह उसके नए रास्ते बनाने की उम्र थी
और घर था कि पुरानी नींव पर ही टिका रहना चाहता था

किताबों में जब पकड़ी माँ ने उसके प्रेमी की चिट्‌ठी
तो कोसने लगी अपनी कोख को ही
कलंकिनी और कलमुँही के घृणास्पद विशेषण से नवाजा उसे
बात रुई की आग की तरह फुसफुसाहट में फैल गई
पिता ने सुना तो सिर पीट लिया
और अपने चिपटे नाक को कटा हुआ बताया
भाई की बाँहें फड़कने लगीं
उसने माता-पिता को कोसा उसे छूट देने के लिए
उसके प्रेमी के खून पीने की प्रतिज्ञा की और
उसे कमरे में बन्द करके घर से बाहर निकलने की सख्त मनाही कर दी

उस दिन पहली बार लड़की को घर जंगल की तरह लगा
और घर के लोग अजनबी
प्रतिरोध में उसने खाना-पीना छोड़ दिया
लेकिन अपने प्रेमी का खयाल नहीं छोड़ा
ऐसे ही चलता रहा कुछ दिन
उसे डिगाने के लिए साम, दाम, दंड, भेद की नीति का लिया गया सहारा
माँ ने पुचकारते हुए समझाया कि 'जिद छोड़ दे'
लेकिन लड़की अडिग रही अपने निर्णय पर

थक-हारकर पिता उठा लाए जहर की शीशी
और अपने स्वर को कोमल बनाते हुए कहा
'ठीक है, तू अपनी मरजी कर ले
लेकिन हम सबको पिला दे अपने हाथों से जहर
फिर कोई दुख नहीं होगा हमें
जीते-जी लोगों की उंगलियाँ तो नहीं उठेंगी हम पर'

बस, यहीं कमजोर पड़ गई लड़की
और वह हार गई अपना प्रेम
निर्णायक क्षणों में लड़की के
अपने निर्णय से डिगने को
लोगों ने समझदारी भरा कदम बताया

एक चिट्ठी

यह एक आकुल पुकार से शुरू होती है
यहाँ एक मोमबत्ती है जो
अपनी काँपती-थरथराती लौ के साथ
फैलाती रहती है पूरे घर में उजाला

एक भयावह सन्नाटा पसरा है
शोर करता हुआ
एक गझिन खामोशी
किसी पत्ते का टूटना
और एक बूँद पानी का टपकना तक
यहाँ साफ-साफ सुना जा सकता है

एक अनन्त प्रतीक्षा है यहाँ
जो कभी खत्म नहीं होती
एक डर है जो मुझे
निरन्तर करता रहता है सावधान
एक बेचैनी है जिसमें मिट गया है
दिन और रात का फर्क

दूर कहीं घाटियों से गूँजती है
एक आदिम धुन
जो बजती रहती है देर तक मेरे भीतर
डर, बेचैनी और प्रतीक्षा की नदी में डूबती-उतराती

इस चिट्ठी में दुनिया-भर की बातें

एक मासूम और आकुल पुकार से शुरू हुई
यह चिट्ठी एक उम्मीद पर खत्म होती है
अन्तहीन प्रतीक्षा के साथ !

धान रोपती स्त्रियाँ

घुटने तक पानी भरे कीचड़ में
कमर में खोंसकर लहँगा
धान रोप रही हैं स्त्रियाँ

ये भविष्य की मंगलकामनाओं के बीज हैं
जिन्हें स्त्रियाँ बो रही हैं
और झुकी हुई पीठों की सामूहिकता
बना रही है नृत्य की लय
ये उम्मीदों के बीज हैं
कि धन-धान्य से भर जाएगा एक दिन घर
बूढ़ों के हाथों में आएगी सहारे की लाठी
बच्चे जाएँगे स्कूल
जीवन की धूप में तपते पसीना पोंछते
पतियों को मिलेगी थोड़ी मदद

जल्दी-जल्दी बोए जा रहे हैं बिचड़े
उनके पास हमेशा कम होता है समय
और हमेशा ज्यादा होते हैं काम

ऊपर तपता रहता है सूरज और घुमड़ते रहते हैं बादल
फिर भी कुसमा-सलहेस की प्रेमगाथा गाती हुई
स्त्रियाँ रोपती रहती हैं धान के नन्हे-नन्हे पौधे
स्त्रियाँ जब रोपती रहती हैं धान के पौधे
एक सुखद भविष्य की कामना बँधी होती है
उनके आँचल की कोर से

सूरज तब तक नहीं डूबता जब तक वे धान रोप न लें

क्या धान के भीतर भी होती है एक कोख
जिनमें धड़कता है एक अजन्मा पौधा
जिसे स्त्रियाँ पहचानती हैं
जानती हैं हरे-भरे होने की सम्भावना के गोपन रहस्य
और उसकी ज्ञात पीड़ाएँ भी ?
शायद इसलिए धान के साथ
वे थोड़ा-सा खुद को रोप आती हैं
कि सूखा पड़े या आए बरसात
ओले गिरें या टिड्डियाँ दौड़ें
सब कुछ हो जाए किसी अनर्थ से नष्ट
तब भी बची रहे उम्मीद फिर से अँकुरने की
या बचा रहे एक संदेशा धरती को
कि फिर वे लौटकर आएँगी
और बोएँगी भविष्य के बीज

आँधी को खुली छूट है

यह कैसी आँधी है
जो जकड़ रही है सबको
अपने राक्षसी आगोश में ?
डरे हुए हैं लोग
कुछ भी हो सकता है
समय की इस प्रचंड आँधी में

कभी भी हो सकती हैं दुकानें बन्द
शहर के बीचोंबीच कभी भी
दिखाई पड़ सकती है खून की नदी
कहकहे और किलकारियों की जगह
सुनाई पड़ सकती हैं चीखें
और शहर जैसे श्मशान का
आईना बन सकता है

शहरों पर मँडरा रहे हैं
नामालूम साये चीलों की तरह
डरे हुए लोग ढूँढ़ते हैं
अपने लिए सुरक्षित कोना
छुप रहे हैं सब के सब
इधर-उधर
अगर कहीं न मिले जगह तो
अपनी अजानी गुफाओं में

आँधियों को खुली छूट है

कि वे जो चाहें सो करें शहरों का !

यह बेबसी है कायरता है
लोगों की बेखबरी से उपजा डर है
कोई पूछता भी नहीं कि
अखबारों में कहाँ इसकी खबर है

हार मानने से पहले

जब सड़कों को लहू से रँगने की
चल रही हो कोई साजिश
लोगों का रोना-चिल्लाना बन जाए अरण्यरोदन
कोई आहट भी डराने लगे जब
और खबर चुभने लगे तीर की तरह
ऐसी स्थिति में तुम चुप क्यों रहते हो, भाई

छुप जाते हो अपनी-अपनी माँद में
और निश्चिन्त हो अपनी सुरक्षा के लिए
गले में घुमड़ते आर्त्तनाद को रोककर जबरन

तुम्हारी आत्मा क्या नहीं होती बेचैन
तुम्हें इस तरह चुपचाप सोता देखकर

इस तरह घर में छुपने से पहले
क्या तुम्हारी धमनियों में बहता लहू
नहीं धिक्कारता है तुम्हें ?

हार मानकर चुप बैठने से पहले
इस स्थिति के प्रतिवाद में
खड़े भी तो हो सकते थे तुम
जीत और हार के प्रश्न को रखकर अलग
निकलने तो दो एक बार
गले में घुमड़ते प्रतिवादी शब्द को
लोग कहते हैं
ईमानदार कोशिश कामयाब होती है

चुप्पी की गूँज

बोलते कुछ नहीं बाबा
चुप-चुप से रहने लगे हैं
ताकते रहते हैं
आकाश की तरफ
मुँह उठाकर
प्यासे चातक की तरह
स्वाति की एक बूँद के लिए

बोलते कुछ नहीं बाबा
सिर्फ तौलते हैं निगाहों से
हर रिश्ते और रिश्तेदारों को

उम्र ने छीन ली है
बाबा की आँखों से
सपने की सतरंगी चमक
अनिश्चिन्तता की धुंध छाई है
आँखों में मोतियाबिन्द बनकर

बुढ़ापे में उपहारस्वरूप
बाबा को मिला है
घर का सूना अँधेरा कोना
अन्तहीन एकाकीपन
पीड़ा और उपेक्षा।

कुछ नहीं बोलते बाबा
मगर
उनकी चुप्पी
गूँज रही है समूचे घर में

देहरी के बदलते ही

कितना कुछ बदल जाता है
देहरी के बदलते ही
सोचती है वह
कल की ब्याही नवेली दुलहन

अतीत की यादें बनकर रह गई हैं
सखियों की छेड़-छाड़
पिता-भाई का प्यार-दुलार
माँ की ममता
बहनों का नेह-छोह

सब कुछ बदल गया है
देहरी के बदलते ही
कल की खिलंदड़ उछलती-कूदती
तितली-सी लड़की
बन गई है जिम्मेदार औरत
नए संबोधन मिले हैं
माँ, बहू, पत्नी, भाभी, चाची के
और मिला है
चूल्हा-चक्की तथा हिदायतें
नए जीवन की शुरुआत के लिए

भूल गई है वह
झूले पर झूलना
पोखर में तैरना मछली की तरह

कच्ची अमियों का स्वाद
और हँसी-ठिठोली

सोचती है वह
सचमुच बहुत कुछ बदल जाता है
देहरी के बदलते ही

ताला

कोई मुकम्मिल इतिहास नहीं है इसका
किसने बनाया होगा पहले-पहल ताला
कितना डरा और असुरक्षित होगा वह
जिसने किया होगा इसका आविष्कार

कहीं काले दिलवाला
बहुत बड़ा महाजन तो नहीं था वह
जो बन्द कर लेना चाहता था लोगों की
नींद, सपने और विचार अपनी तिजोरी में

कहते हैंचोरों के लिए ताला क्या!
सात तालों के भीतर भी
पहुँच ही जाते हैं चोर
तो क्या चोरों को मालूम रहता है
ताले का तिलिस्म !

पता नहीं कैसा लगा होगा लोगों को
जब किसी ने लगाया होगा पहली बार ताला
मैं अजीब-सी बेचैनी से भर उठता हूँ
जब राजा की सभा में देखता हूँ
सबके होठों पर लगा हुआ ताला

काश ! मैं भी जान पाता ताले का तिलिस्म
और गढ़ पाता एक मास्टर चाबी
जिससे लगाता सेंध
बनियों के बाजार और
राजाओं की नींद में !

एक दोस्त हो

कोई एक दोस्त हो
भले ही न रहे हमेशा साथ
तनहा ही गुजारनी पड़े रात
लेकिन लगे कि है कोई पास

जो न आए मेरे घर कभी
और मुझे लगे कि जरूरी है मिलना उससे
भले वह मेरी कविता पर वाह-वाह न करे
खुलकर कहे तो कि कविता के कसाई हो तुम
स्वतंत्र रहें हम और महसूस करें जुड़ाव
भले ही उसे औरों से भी हो लगाव

कभी तपती दोपहरी पहुँचूँ मैं उसके घर
और वह पानी के लिए भी नहीं पूछे
लेकिन बचा रहे उसकी आँखों में पानी

उसका दुख लगे मुझे अपना
उसकी सफलता पर गर्व कर सकूँ
डाँट-फटकार, रूठने-मनाने का सिलसिला रहे
एक दोस्त हो जिसे
घर से निकलते वक्त सौंप जाऊँ चाबी
और वह मुझे सँभलकर जाने की हिदायत दे

कोई एक दोस्त हो जो
छीनकर फेंक दे होठों से लगी सिगरेट

और जबर्दस्ती माँग कर ले जाए कोई किताब

पल भर के लिए ही सही
एक दोस्त हो जिस पर
अडिग रहे भरोसा
मरने के बाद लोग न कहें
तनहा ही रहा हमेशा !

बदलाव के इस समय में

बदलती जा रही हैं
प्राथमिकताएँ और जरूरतें
कई लोगों ने बदल डाले हैं चश्मे
चेहरे बदल रहे हैं क्षण-प्रतिक्षण
कि पहचान में नहीं आ रहा है

बदलता जा रहा है बहुत कुछ
जैसे प्यार व्यापार में
घर बाजार में
सहानुभूति शोषण के औजार में
झूठ मक्कारी और फरेब
सदाचार में

क्षण-क्षण बदल रही है
विदूषकों की हँसी
और बढ़ती जा रही है
खलनायकों की खुशी

बदल गया है कइयों का जीवन
संवाद पड़ गए हैं शिथिल
समय और दूरी का घट गया है फासला
और पसर गया है
रिश्तों के बीच रेतीला समन्दर
फिर भी कुछ चीजें अब भी हैं चिपकीं

जड़रूप में भाषा के चेहरे पर

मित्रो ! बदलाव के इरा रागय गें
चलो हम भी बदल डालें
कई पुराने मुहावरे !

जब लौटता है भाई परदेस से

महीने भर की छुट्टी पर
साल में एक बार
जब लौटता है भाई परदेस से
घर खुशियों से भर उठता है
भाई के लौटने का इन्तजार
वसंत की तरह करता है घर

जब लौटता है भाई परदेस से
सज जाता है घर-दुआर
चूड़ियों की खनखनाहट से
खिल उठता है आँगन
महकने लगती हैं
भाभी के जूड़े की कलियाँ
बिन पायल बज उठते हैं पाँव
छुम-छुम छनन-छनन

भाई लाता है अपने संग
पिता के झुर्रीदार चहरे के लिए मुस्कुराहट
माँ की नम आँखों के लिए रोशनी
बहनें सजाने लगती हैं सगुन के सपने
छोटू नई स्कूल ड्रेस पहनकर इठलाने लगता है
बथान पर बैलों के गले में
घंटियाँ टुनटुना उठती हैं
बढ़ जाती है खेतों में पसरी

फसलों की हरियाली
जब भी लौटता है भाई परदेस से
भूल-भालकर भविष्य की चिन्ता-फिकिर
घर चैन की वंशी बजाता है !

एक मामूली आदमी के बारे में

मुख्तसर-सी कथा इतनी कि
माँ की गोद से निकलकर
फूलों और तितलियों के बीच
घूमता रहा वह शुरू में
एक दिन जब बस्ते का पहाड़ और
चुल्लू-भर पानी का समुद्र
लादकर भेजा गया स्कूल
उसे लगा कि फूलों-सा कोमल और
तिलियों-सा रंगीन नहीं है जीवन

मामूली शरारतें और मामूली खेल-खिलौनों के संग
बचपन के मजेदार और उत्तेजक दिन
पता नहीं कितनी जल्दी खत्म हो गए
कबड्डी, गिल्ली-डंडा, छुपम-छुपई खेलते हुए
कब वह कृष्ण-कन्हैया बन पड़ोस की राधा के संग
आँख-मिचौली खेलने लगा, पता ही नहीं चला

अचानक जब सर से पिता का साया उठ गया
जिम्मेदारियों की तीखी धूप जलाने लगी उसे
कुँवारी बहन की बढ़ती उम्र
छोटे भाई की पढ़ाई और
बूढ़ी माँ का निरन्तर हताश चेहरा देख
भूल गया वह राधा के संग आँख-मिचौली

पहले वह खूब सपने भी देखता था
लेकिन इन दिनों तो सपने में भी
रेत के टूह नजर आते
और रास्ते में खड़ा दिखता काला पहाड़

मामूली-सी अर्जित शिक्षा के बल पर वह
ढूँढ़ने लगा रोजगार की छतरी और
अखबारों में निरन्तर कम होते जा रहे
वांटेड कॉलमों का नियमित पाठक बन गया

मामूली दर्जे की नौकरी के लिए भी उससे
मामूली से ज्यादा योग्यता की अपेक्षा की जाती
पता नहीं यह उसके निरन्तर प्रयास के कारण हुआ
अथवा कम्पनी के मामूलीपन के कारण कि
अन्ततः बन गया मामूली दर्जे का मुलाजिम

समय पर दफ्तर जाना और
समय पर वापस आना
यही दिनचर्या बन गई अब उसकी
बाकी बचे समय में घर के मामूली काम करता और
घर के लोगों के भविष्य को सोच-सोचकर बूढ़ा होता जाता।

हर आम चुनाव में जो कि
पाँच साल पर होना तय था
(लेकिन कभी भी आ धमकता था)
उसे कई खराब लोगों में से
एक खराब आदमी को
चुनना पड़ता था अपना प्रतिनिधि
बाद में अफसोस करते हुए
वह अपना सिर धुनता

हर चुनाव उसे थोड़ा और दरिद्र
बनियों को थोड़ा और अमीर बना देता था

दफ्तर में भी मामूली-सा ही रहा वह
न तो तनकर खड़ा हो सकता था
और न ही ज्यादा झुकना उसे पसन्द था
उसके कई साथी तो झुकने की क्या बात
लोटने को रहते थे तैयार हर वक्त
हाँ-जी हाँ-जी भले ही पसन्द नहीं थी उसे
लेकिन डटकर अपनी बात भी नहीं कह पाया कभी

काम के ऊब भरे घंटों के बीच
मामूली दर्जे के नॉनवेज चुटकुले
और बॉस के नई स्टेनो के साथ
टूर पर निकल जाने के किस्से
उसके मनोरंजन के साधन थे

सहकर्मियों से ग्रैच्युटी, फंड, बोनस और
पारिवारिक धारावाहिकों के विषय में बात कर
वह अपने को सामयिक बनाए रखता था

एक दिन रिश्तों-परिचितों में उसकी अनुपस्थिति भी
मामूली ढंग से ही उजागर हुई जब
चार-पाँच दिनों किसी ने नहीं देखा उसे
चूँकि उसकी लाश घर वालों को नहीं मिल पाई
इसलिए माना जा सकता है कि वह हो
यहीं कहीं हमारे आसपास ही
दुनिया की भीड़ में खोया-सा
हालाँकि लोगों ने उसे मरा हुआ मान लिया है

प्रिय पाठकगण !
यदि आपको यह कविता मामूली लगे तो
दोष उसके मामूलीपन को ही जाता है
कविता में लाने के अलावा
और कोई जगह नहीं दिला सकता मैं उसे
यहाँ तक कि उसके मरने की खबर भी
कहीं नहीं छपी !

शारदा बहन

किसी सरकारी रजिस्टर में नहीं दर्ज है उसका नाम
न ही उसके जिम्मे है देश-दुनिया का कोई महत्त्वपूर्ण काम
न प्रधानमंत्री कार्यालय न दिल्ली सचिवालय और
न इस महानगर के किसी दूसरे कार्यालय में
लेकिन वे जुटी रहती हैं दिन-भर छोटे-मोटे कामों में

इस महानगर में उनके लिए तय नहीं है कोई जगह
लेकिन ढूँढ़ो तो मिल जाएँगी आसपास ही कहीं
झाड़ू-पोंछा लगाती जब कभी वे चली आती हैं
ड्राइंग-रूम में हमारी बौद्धिक बहसों के बीच
एक सवाल की तरह खड़ी लगती हैं
पल-भर को भूल जाते हैं हम रंग-रभस

'कहाँ से आई हो शारदा बहन ?
काम पर रखने के दिन पूछा तो
बड़े ठसक से मगर करुण स्वर में बोली
'ल्लो...कर लो बात !
औरत भी कहीं आती-जाती है
वह तो बस फेंकी, निकाली और भगाई जाती है
अब कहाँ से शुरू करूँ...
जहाँ जीवन और जगत को समझा पहली बार
वहीं से जान बचाकर भागना पड़ा
रास्ते में छूट गए संगी-संगाती
एक साथी मिला जो कोख में
निशानी देकर चला गया कहीं दूर

अब मैं हूँ और ये नासपीटी
बगल की झुग्गी बस्ती में है ठिकाना
कितनी बार बसी और
कितनी बार उजड़ी, क्या पता !
कौन थे लोग और कौन भेड़िये, नहीं मालूम
मदद कब जोर-जबर्दस्ती में बदल जाती
कैसे कहूँ और कहाँ तक...!
सीता माई से शुरू घर से जंगल और
जंगल से घर की यह यात्रा
इस कदर नियति बन गई है हम औरतों की
कि घर और जंगल में फर्क करना मुश्किल...'

इस महानगर में बहुत बड़ी है
शारदा बहनों की संख्या
मगर बहुत छोटी है उनकी आवाज
महानगर के हल्ले और अपार्टमेंटों के बेसुर गानों में
घुटकर दम तोड़ देती हैं उनकी चीखें

एक ऐसा समय भी आया जब
सौन्दर्यीकरण के नाम पर
उन्हें भगा देने की कोशिश की गई
मगर हमारे जीवन की छोटी-मोटी जरूरतों ने
बनाए रखी उनकी जगह

अब इस सवाल का क्या जवाब है
कि घर-घर में लोगों का खाना बनाने के बावजूद
कभी-कभी भूखे क्यों सो जाना पड़ता है उन्हें
और हमारे घरों को साफ-सुथरा बनाती हुई
कैसे मैली हो जाती है उनकी जिन्दगी !

भेदभाव कैसा

आग
महानगर की ऊँची इमारतों में हो
अथवा गाँव की कच्ची दीवारोंवाले घर में
नहीं बदलती है उसकी प्रवृत्ति और प्रकृति

धूप, चाँदनी, हवा, पेड़, पहाड़, नदी
सभी करते हैं बरताव एक-सा
कोई भी नहीं करता है फर्क
कुछ भी तो नहीं बदलता !

यहाँ तक कि शरीर की धमनियों में
बहता है एक ही रंग का लहू
तो बंधु !
मुझमें और तुममें
फिर भेदभाव कैसा ?

छाँव की तलाश

चिलचिलाती धूप में
छाँव की तलाश
जरूरी है तन-मन को आराम के लिए
मिलता है चैन !
लेकिन जाड़े में भी छाँव खोजना
आलसपन और गुलामी है
इस तरह छाँव की तलाश
चैन से शुरू करके गुलामी की तरफ
बढ़ती है हमेशा
कितना अजीब है कि
हम हमेशा करते रहते हैं
किसी-न-किसी छाँव की तलाश !

बस स्टॉप

यहीं से शुरू होती है यात्रा
और यहीं पर लेती है विराम

एक बूढ़ा भिखारी अल्लाह और ईश्वर के नाम पर
बरक्कत होने का लालच देकर
रोटी खाने के लिए माँग रहा है पैसे

यहीं हर सुबह एक लड़का
'आज की ताजा खबर' बार-बार चिल्लाता
बेचता रहता है हत्या, बलात्कार और
घोटाले की पुरानी खबरों वाला अखबार
आखिर कहाँ से लाये वह नई खबरें
उसके लिए भी तो नहीं आती
कहीं से कोई नई खबर

किसी सुदूर गाँव से इस महानगर में आकर
एक लड़का यहीं लगाता है अपनी ठेली
और बेचता है पानी

एक लड़की बड़ी बेसब्री से कर रही है
अपने ब्वायफ्रेंड का इन्तजार
उसकी बेचैनी लक्षित होती है उसके पैरों में
वह जल्दी से जल्दी यहाँ से
कहीं दूर निकल जाना चाहती है

हाथ में टिफिन लिये एक अधेड़ आदमी
झुंझलाता है बस की देरी के कारण
और खीज में गाली देता है
अपने दफ्तर के मालिक को

अर्जियों की फाइल सँभाले एक युवक
मन ही मन गाली देता है व्यवस्था को

किनारे में कार रोककर एक तोंदियल
घूर-घूरकर ताकता है
स्टॉप पर खड़ी लड़कियों को
और ललचाई नजरों से होठों पर
जीभ फिराते हुए अपनी जाँघें खुजलाता है
और अचानक कई लोगों को अपनी तरफ ताकते देख
कार स्टार्ट कर फुर्र से चला जाता है

एक स्त्री सास, ननद और पति के संग अस्पताल से
अपने नवजात शिशु को लेकर लौट रही है घर

एक दूसरी स्त्री बेचैनी में बार-बार देखती है घड़ी
पता नहीं कहाँ रह गई उसकी बस
घर पर बच्चे भूखे कर रहे होंगे इन्तजार

किनारे की रेलिंग से सटा एक जोड़ा
घंटों से कर रहा है गुटर-गूँ
कोई जल्दी और भागम-भाग नहीं है उसे

यह बस स्टॉप है जहाँ बसें ही नहीं
सबके लिए है जगह

देखना कहीं इस पर भी न लग जाए
दलालों और हत्यारों की नजर !

मगर अफसोस

हमें करना चाहिए था टूटकर किसी से प्रेम
झमाझम बारिश में भीगना चाहिए था
बिना किसी छतरी की उम्मीद किए
शिखर को छूने के लिए
लेना चाहिए था पहाड़ पर चढ़ने का जोखिम
हंगामा न सही, खुद को खड़ा करना चाहिए था
अन्याय और शोषण के खिलाफ

मगर अफसोस
ऐसा कुछ भी नहीं किया हमने

बरसों किताबों से जूझने के बाद
बिना कोई जीत हासिल किए
अपने आप से उकताए हुए हम
प्रेक्षागृह में बैठकर देखते हैं
प्रेम का नाटक
नायक के हेयर स्टाइल व चश्मे
और नायिका के पारदर्शी कपड़ों पर
बहस करते हैं घंटों लगातार
देर रात व्यवस्था को गाली देते हुए
लौटते हैं घर
और खाकर सो जाते हैं।

कल न ढूँढ़ना

अलार्म जगा रहा है मंटू को
उसे जाना है कोचिंग सेंटर सबेरे-सबेरे
दादी या बाबा नहीं सुनाते उसे प्रभाती
'जागो मोहन प्यारे...'
मंटू को न इस गीत का पता और
न ही दादी-बाबा का

लो, मैं भी कैसा अहमक ठहरा
ले आया कविता में दादी-बाबा को
क्या जरूरी है कविता में दादी-बाबा को लाना
जब परिवार के दायरे से ही निकालकर
भेज दिया है उन्हें 'ओल्ड होम' हमने

कल मंटू अपने बच्चों को जब
बताएगा रिश्तेदारों के बारे में तो
उसमें नहीं होंगे दादी-बाबा जैसे कई रिश्ते
फिर नहीं करना आप शिकायत
और न ढूँढ़ना किसी कविता में
दादी-बाबा की स्मृतियाँ !

दिवंगत कवि की कलम

यह एक दिवंगत कवि की कलम है
अपने निर्जन में पड़ी बरसों से
हवा सहला जाती है उसे
धूप देख जाती रोज उसकी हालत
घटनाओं की धूल पड़ती रहती है

ताखे के उपेक्षित हिस्से में पड़ी है चुपचाप
अपने ही गुणधर्म से निर्वासित
अब तो एंटीक बन जाने योग्य है यह निबवाली कलम
कहाँ पूछ रह गई है अब ऐसी कलमों की

मकड़ियों ने जाले भर दिए हैं उस हिस्से में
कौन संरक्षित करेगा इस कलम को

सुना है अपने सृजन के शुरू से आखिर तक
कभी भी कवि ने साथ नहीं छोड़ा इस कलम का
इसी कलम से लिखे उसने खुशी के गीत
और इसी कलम से लिखी सबसे उदास कविता
व्यवस्था की लफंगई के सामने
तलवार की जगह कलम को आईना बनाया उसने
कलम को मशाल बनाया
लेकिन कभी बेची नहीं

कलम न बेचने की आन रखनेवाला वह कवि
नहीं है अब हमारे बीच

मगर कलम बची है अब भी उपेक्षित-सी
एक सवाल की तरह

ताखे पर रखी उस कलम को प्रतीक्षा है
कि कोई आएगा और रचेगा
नए-नए मुहावरे
हँसी-खुशी के गीत
और विकल समय का सबसे
दारुण दुख

प्रवासी

वे बेचैन भटकते रहते हैं शहर-दर-शहर
कभी दिल्ली कभी पंजाब
कभी बनारस कभी कलकत्ता
और किसी नए शहर में
रोजगार की उम्मीद का सपना सँजोए
ट्रेन में बैठने के बाद
पीछे छूट चुके घर को याद करते हुए
हो जाते हैं अक्सर उदास
फिर भी अधूरी नहीं छोड़ते अपनी यात्रा

हालाँकि भीड़ का हिस्सा बनना बुरा तो है
लेकिन क्या करें वे
जिनका नहीं है अपना कोई ठिकाना
अपनी जरूरतों की शाखें काटते
बच्चों के हिस्से का सूरज भी नहीं दे पाते उसे
वे बाढ़ में कटते-ढहते घर-सा ढह जाएँ
या निकल जाएँ कहीं दूर
जहाँ मिल जाता हो रहने भर को ठिकाना

जीवन की कोमलता और
बच्चों की हँसी को बचाने के लिए
वे पत्थर बना लेते हैं अपनी छाती

गाँव-गँवई के शादी-ब्याह, जनम-मरण
होली-दिवाली-छठ-रामनवमी में होनेवाले

खेल-तमाशे और हँसी-खुशी से हो जाते हैं वे महरूम
बाग-बगीचे, डबरे-पोखरों से टूट जाता है मोह

वे शहरों में आते हैं अपने गँवईपन के साथ
और ढूँढ़ते हैं ताजा हवा ताजा मछली और शुद्ध दूध
मगर ऐसा कुछ भी नहीं पाकर यहाँ
वे बार-बार लौटना चाहते हैं
अपने गाँव-घर

शहर में भी एक गाँव उनकी छाती में धड़कता है
घर की चौखट से लगा एक चेहरा दिखता है
इन्तजार करता हुआ
वह खुश होता है
कि कोई है जो कर रहा है उसका इन्तजार
और फिर रोने लगता है फूट-फूटकर
कि इन्तजार करते लोगों को छोड़
चला आया है वह दूर...बहुत दूर
और चाहकर भी जल्दी लौट पाना
उसके लिए है मुश्किल

शहर के चतुर सुजानों के बीच
वह हँसी-मजाक का पात्र बनता है
और अक्सर ठगा जाता है
यही वह मोड़ है जहाँ से उसकी साधुता
लेने लगती है उससे विदा
और दुर्जनता उसे खींचती है अपने पास
वह जहाँ होता है वहाँ लोग उसे
बाहरी कहकर करते हैं उपेक्षित और प्रताड़ित
और जब लौटता है कभी अपने गाँव-कस्बा
तो शहरी समझकर घूरते हैं गाँव के लोग दूर से

वह ढूँढ़ता है पानी

वह ढूँढ़ता है छाता
वह ढूँढ़ता है वह सब कुछ
जो छोड़कर गया था
और महसूसता है कि
इसको भी शहर की हवा ने
डँस लिया है
और फिर बेचैनी में शहर जानेवाली
अगली गाड़ी का वह समय पूछता है

इराकी माँओं के लिए

माँ !
हालाँकि अपनों को भुलाना होता है कठिन
मगर जो हुआ उसे भूल जाओ
सुलह कर लो अपने दुखों से
और सुलह कर लो उनसे
जो एक तानाशाह के शासन से
मुक्ति दिलाने के नाम पर
रौंद गया तुम्हारी धरती
और बारूद के ढेर में दब गए तुम्हारे सपने

जैसे बिटिया की खूबसूरती
और हरिण की कस्तूरी
उसके लिए सजा होती है
तुम्हारी धरती का तेल ही
तुम्हारे लिए आफत बन गया

कभी सोचा था तुमने
कि एक दिन धरती की यही विशिष्टता
बन जाएगी अभिशाप धरतीवासियों के लिए

पश्चिमी प्रौद्योगिकी में
एक नया मूल्य तैयार हुआ है, माँ
कि जो उनके साथ नहीं
उन्हें रहने का अधिकार नहीं

अपने आदमी होने के अधिकारों को भूलते ही
नए शासक की जंजीरें शिथिल पड़ जाएँगी
और तुम कुछ अच्छा महसूस करोगी
नए शासक की सत्ता को स्वीकारते ही
तुम्हें मिल जाएगी जीने की छूट
जीवन का कोई विकल्प नहीं होता, माँ

और अब उस बेटे को याद कर
रोने से क्या फायदा
जो तुम्हारी उंगलियों को थामकर
अभी चलना ही सीख रहा था
लेकिन अब छिन गया है

जो कोख में पल रहा है उसे
खुशी-खुशी लेने दो जन्म
जो हुआ उसे भूलकर
फिर से शुरू करो नया जीवन
आफतें और प्रलय तो आती-जाती रहती हैं
मगर दुनिया बची-बनी रहती है
खत्म नहीं होता है जीवन

जैसे झुलसे खजूरों में फूटने लगी हैं कोंपलें
तुम स्वयं को हरा करो, माँ !

मैं आऊँगा, मीता

मीता, मैं आऊँगा
जैसे बादल के रोने के बाद
आकाश में उग आता है इंद्रधनुष
मैं सतरंगा कुरता पहनकर आऊँगा

हवा से थोड़ी मस्ती
पानी से शीतलता
और पेड़ों से हरियाली माँग लूँगा मैं
जब आऊँगा तुम्हारे करीब

पहाड़ से दृढ़ता
आग से तेज
आकाश से असीमता
और धरती से सहनशीलता माँग लूँगा

मैं फूलों से खुशबू
चिड़ियों से पंख
नदी से प्रवाह
और समुन्दर से गहराई माँग लूँगा
आखिर खाली हाथ कैसे आऊँगा मैं
तुम्हारे पास, मीता

सपनों की पीठ पर सवार
चाँद से पूछते हुए रास्ता
एक दिन पहुँच ही जाऊँगा
मैं तुम्हारे पास, मीता।

क्योंकि चुप हूँ

नहीं, किसी पश्चात्ताप के कारण नहीं
अपनी उदारता साबित करने के लिए
राजा किसी तरह घुट-घुटकर जीने देंगे आपको
जैसे जूठे पर पलते हैं कुत्ते

यदि बैठने के लिए कहा और आप
साँप की तरह रेंगने लगे
तो अवश्य ही सफलता की सीढ़ी चढ़ेंगे
ऐसे लोग हमेशा प्रिय रहे हैं राजा को

राजा फिर से लिखवा रहा है
नगर का नया इतिहास
यदि आप हों काने और विवेकशून्य
तो इसके लिए सर्वाधिक उपयुक्त व्यक्ति हैं आप

प्रजा की सुरक्षा के लिए नहीं
राजा के आतंक के प्रसार के लिए
निकली है गौरव-यात्रा
एक रहस्य की तरह यदि
आप पसार सकें
राजा का भय लोगों में
तो निश्चय ही बन सकते हैं राजा के प्रिय

लेकिन अन्याय के किले में
ताकत के खिलाफ

यदि आप रचेंगे प्रतिवाद
और जैसे ही करेंगे परिवर्तन की बात
तो आपकी हत्या की शत-प्रतिशत गारंटी है
मैं भी बचा हुआ हूँ आज तक
क्योंकि चुप हूँ

गुस्सा

यह कोई अच्छी चीज नहीं है
मैं जानता हूँ कि दुनिया गुस्से से नहीं
प्रेम और विवेक से चलती है

गुस्सा छीन लेता है मेरा विवेक
लहू सुखा देता है
मैं सो नहीं पाता हूँ कई-कई रात
यह चुरा लेता है मेरे सपनों के सारे रंग

साधुजन कहते रहे हैं कि
'गुस्सा न करो, वत्स
यह नहीं है तुम्हारे लिए धर्मसम्मत'
यह अलग बात है कि आज
नफरत और गुस्से के डंडे पर ही
लहराता है धर्म का झंडा
और इस उपदेश का
कोई मूल्य नहीं रह गया है

माँएँ सिखाती हैं बेटियों को
घर से निकलते वक्त
'झुककर चलना अच्छी बात है
लोग कुछ भी कहें
लोग कुछ भी करें
तुम्हें नहीं देना है उस पर ध्यान
सह लो सब कुछ चुपचाप

गुस्सा और प्रतिवाद करने से
अपनी ही इज्जत जाती है'
बेटियाँ सुनती हैं और
सह लेती हैं सारा उत्पीड़न
ऐसे ही सहते-सहते
यह बन जाता है उनका स्वभाव
सबसे बुरी बात तो यह
कि एक दिन ये बेटियाँ भी सिखाती हैं
अपनी बेटियों को वही सारी बातें
जो उनकी माँओं ने सिखाई थीं उन्हें

अब आप ही बताओ कि
इस बात पर आखिर किसको गुस्सा नहीं आएगा !

घेघही लताम पर *

पता नहीं कब से प्रचलित है यह मुहावरा
जो आज तक कर रहा है हमारी भाषा में हुड़दंग
क्या सचमुच घेघा की शिकार कोई लड़की थी
जो अन्य लड़कियों से रहती थी अलग
अमरूद के पेड़ पर
क्यों नहीं पटती थी उसकी दूसरों के साथ
या नहीं खुलती थी उसके लिए किसी घर की किवाड़
क्या उसे नहीं करता था कोई दुलार
जैसे करता हूँ मैं अपनी भतीजी छोटी और निक्कू को

क्या उसके माँ-बाप नहीं थे जो कराते उसका इलाज
या उपेक्षित कर दी गई उसकी समस्या और
कर दिया गया उसे घर से निर्वासित

कैसी लगती होगी उसे सबकी उपेक्षा
अकेले हो जाने की पीड़ा होती है कितनी भयावह

जैसे सच बोलनेवाले कहलाते हैं बेवकूफ
कवियों को कहा जाता है अक्सर पागल
क्या उसी तरह अलग-थलग रहनेवाली उस लड़की को
कह दिया गया घृणा और उपेक्षा से घेघही ?

बार-बार यह प्रश्न मथता है मुझे
मैं भी इसे टाल जाता हूँ
लेकिन क्या जवाब दूँ

---

* मिथिलांचल में प्रचलित एक निन्दात्मक मुहावरा।

निक्कू को जो आज भी पूछ रही थी मुझसे
'चाचा, अब तो हो चुका बहुत आविष्कार
लेकिन क्यों नहीं हो पाता है घेघही का इलाज
कब तक आपकी भाषा में
टँका रहेगा ऐसा खराब मुहावरा।'

गुजरात

हमारे आपके सबके होठों पर
आज एक नाम है
गुजरात !

गुजरात खुश हो सकता है
कि सब उसे जानने लगे हैं
गुजरात दुखी हो सकता है
कि वहशी जुनून में पिसकर रोती रही इंसानियत

जो उसे जानने का दावा करते हैं
वे पूरे देश को गुजरात बनाना चाहते हैं
जिन्होंने उसे कभी समझने की कोशिश नहीं की
वे बापू-बापू चिल्लाते हैं

गुजरात मात्र एक प्रसंग भर नहीं है
न ही वह गुजरी हुई रात है जिसे भुला दिया जाए
आनेवाली स्याह रात की छाया है गुजरात

उनका क्या है जो नफरत का बीज बोते हैं
वे तो गोधरा की आड़ में
गुजरात से आँख बचाकर निकल जाएँगे
और अगली तैयारी में गौरव-यात्रा निकलवाएँगे

बापू के बन्दर

बहुत सयाने हो गए हैं बापू के बन्दर
बापू के तीन सूत्री निर्देशों को
निभाया शब्दशः अबकी गुजरात में

बुरा न बोलने की कसम खानेवालों ने
कुछ भी नहीं कहा उनके खिलाफ
जिन्होंने खेली खून की होली
वे बिलकुल गूँगे हो गए

बुरा न देखने की कसम खानेवालों ने
माँ-बहन की अस्मत लुटते देख
बन्द कर ली अपनी आँखें
और बन गए बिलकुल अन्धे

बुरा न करने-सुनने की कसम खानेवालों ने
बन्द कर लिये अपने कान
और प्रतिरोध में हाथ तक न उठाया
वे बिलकुल कायरों की तरह बहरे और
अकर्मण्य बने सहते रहे सब कुछ

बापू के इन गूँगे, बहरे, अन्धे और
अकर्मण्य बन्दरों का क्या काम
चलो, इनका कर आएँ हम तर्पण

हरा होने के लिए

दोस्त !
कहाँ-कहाँ भटकोगे तुम
किस-किस शहर
और किस-किस डगर

प्रेम पाने के लिए बिक गए कितने लोग
लेकिन प्रेम नहीं बिका किसी हाट में

दोस्त, निकल आओ बाहर
सूर्य बाँट रहा है
अपना तेज और प्रकाश
चाँद बाँट रहा है शीतलता
हवा मदहोश कर देगी तुझे
अपने सुरभित बयार में
नदी बुझाएगी प्यास
पेड़ों की हरियाली बाँध लेगी तुझे

लेकिन इसके लिए
निकलना ही पड़ेगा तुझे बाहर
और बाँटना पड़ेगा प्रेम
जेठ की तपती दुपहरी में
तपना पड़ेगा सूर्य की तरह
भीगना पड़ेगा बारिश में
कँपकपाना पड़ेगा पूस की रात में
और मिलना पड़ेगा अपनी माटी-पानी से
पेड़ों की तरह हरा होने के लिए

बधाई, मिस यूनिवर्स बधाई !

एक अरब की आबादीवाला यह गरीब देश
देखकर तुम्हारी खुशी और छलकती हुई हँसी
भूल गया है यह दुखद तथ्य कि अब भी
यहाँ भूख, प्यास और कुपोषण से मर रहे हैं लोग

ऐसे समय जबकि देश के कई भागों में
मटका-भर पानी के लिए लुटती हैं स्त्रियाँ
विदेशी स्वीमिंग पुल में अर्धनग्न स्नान करके
तुमने हासिल किया है यह ताज
नहीं है यह कोई साधारण बात !
एक ईनामी जवाब देते हुए जब तुमने
स्त्री-शिक्षा का अभियान चलाने की बात कही तो
कूड़े चुननेवाली कई रधिया, चम्पिया की आँखों में
कौंध गया एक सपना
मगर तुम्हीं बताओ मिस यूनिवर्स
क्या भूखे पेट पढ़ पाएगी वह एक भी अक्षर ?

देश के मानचित्र पर तांडव कर रहा है अकाल
विदेशी कर्ज का फंदा कसता जा रहा है निरन्तर
महँगाई मुस्कुरा रही है और
बेशर्मी हो गया है बेतकल्लुफ
आतंक से लोगों के चेहरे पीले पड़ गए हैं
ऐसे में तुम्हारी प्रायोजित हँसी देख
मेरी बहन घूरती है समूचे घर को दुश्मन की तरह

ब्रह्मांड-सुन्दरी का ताज पहनकर
तुम बेचती रहो बहुराष्ट्रीय कम्पनियों के उत्पाद
घरों को बाजार में गुम कर देने और बाजार को
घर-घर में पसारने के लिए ही पहनाया गया है यह ताज
लेकिन मटका-भर पानी के लिए व्याकुल तुम्हारी माँ-बहनें
जब देखेंगी टीवी पर तुम्हें शीतल पेय का करते हुए प्रचार
तीक्ष्ण धूप में भी सिहर जाएगी उनकी देह
झनझना उठेगा उनका सर्वांग

बाजार के चतुर सुजानों के बीच
खूब बड़े-बड़े अनुबन्धों के तहत
तुम बाँटती रहो अपनी प्रायोजित हँसी
विदेशी कर्ज के शिकंजे में फँसे
इस गरीब देश के हम अदना नागरिक
कर रहे हैं तुम्हारे लिए शुभकामनाएँ !

एक बच्चे की डायरी का एक पृष्ठ

नहीं, मैं नहीं रहूँगा अब यहाँ
एक दिन सबकी नजर बचाकर
होकर किसी नाव में सवार
मैं निकल जाऊँगा
कहीं दूर...बहुत दूर

क्या यही सब सुनने के लिए मैं पड़ा रहूँ
कि बाहर न निकलो, कोई उठा ले जाएगा
अजनबियों से मत घुलो-मिलो
कमरे में ही बैठकर खेलते रहो वीडियो गेम
और पढ़ते रहो मन लगाकर
तुम्हें बनना है हमारी उम्मीदों का माइल-स्टोन

मगर नहीं, मैं खेलना चाहता हूँ
खुले मैदान में और बच्चों के साथ
नहाना चाहता हूँ मूसलाधार बारिश में
पैरों से पानी उछालते हुए
मैं किसी की उम्मीदों का माइल-स्टोन नहीं
अपने ढंग से जीता हुआ आदमी ही बने रहना चाहता हूँ

हालाँकि जानता हूँ कि माँ के बिना
उचट जाती है मेरी नींद
और घर से कहीं दूर होंगी मुश्किलें
लेकिन देखना, एक दिन इन बंदिशों को तोड़कर
मैं निकल जाऊँगा कहीं दूर
अपने सपनों की नाव में होकर सवार

नए रास्ते की तलाश में हूँ

जीवन बचा है बहुत कम और
मुश्किलें बढ़ती ही जा रही हैं
जैसे बढ़ता ही जा रहा है
ओजोन परत में छेद

रोज नई-नई परेशानियाँ और रोज नए-नए लफड़े
गाँव में जमीन का झगड़ा ले रहा है खतरनाक मोड़
और ऑफिस में बॉस की दृष्टि रहती है कुपित
घर जैसे मेरा नहीं, बीमारियों का हो गया है

सुनता ही रहता हूँ आए दिन रिश्तेदारों के उलाहने
'बड़े आदमी बन गए हो तुम,
क्यों आओगे हमारे घर'
दोस्त अक्सर करते हैं व्यंग्य
'कोई महान काम कर रहे हो'
पत्नी पूछती है खीजकर
'कौन-सा पहाड़ उलटा दिया है तुमने'

मैं बताना चाहता हूँ कि
न तो मैं बड़ा आदमी बन गया हूँ
और न ही कर पा रहा हूँ कोई महान काम
यदि ऐसा कुछ करता तो
नहीं सुनना पड़ता पत्नी की उलाहना
और पहाड़ उलटाने की बात तो दूर
इच्छा रहते हुए भी मैं नहीं उलटा पा रहा हूँ

राजा की टोपी
जिसके नीचे छुपे हैं चूहे

घर से निकलते वक्त यह भरोसा नहीं रहता
कि लौटूँगा सकुशल
और घर लौटने पर मिलेगा सब कुछ ठीक-ठाक
लेकिन इससे क्या
सब कुछ छोड़-छाड़कर तो नहीं हो जाऊँगा बैरागी
या छोड़ तो नहीं जाऊँगा अपने प्राण

इन्हीं मुश्किलों के बीच से निकलेगा
जीवन का कोई रास्ता
मैं अभी नए रास्ते की तलाश में हूँ

●●●